Las cosechadoras
MÁQUINAS
AGRÍCOLAS
Heather Kissock
AV2
SPANISH
www.openlightbox.com

Paso 1
Ingresa a **www.openlightbox.com**

Paso 2
Ingresa este código único

Paso 3
¡Explora tu eBook interactivo!

Las cosechadoras

Iniciar

Comparte

AV2 es compatible para su uso en cualquier dispositivo.

Tu eBook interactivo trae...

Audio
Escucha todo el lobro leído en voz alta

Videos
Mira videoclips informativos

Enlaces web
Obtén más información para investigar

¡Prueba esto!
Realiza actividades y experimentos prácticos

Palabras clave
Estudia el vocabulario y realiza una actividad para combinar las palabras

Cuestionarios
Pon a prueba tus conocimientos

Presentación de imágenes
Mira las imágenes y los subtítulos

Comparte
Comparte títulos dentro de tu Sistema de Gestión de Aprendizaje (LMS) o Sistema de Circulación de Bibliotecas

Citas
Crea referencias bibliográficas siguiendo los estilos de APA, CMOS y MLA

Este título está incluido en nuestra suscripción digital de Lightbox

Suscripción en español de K–5 por 1 año
ISBN 978-1-5105-5935-6

Accede a cientos de títulos de AV2 con nuestra suscripción digital.
Regístrate para una prueba GRATUITA en **www.openlightbox.com/trial**

Se garantiza que los componentes digitales de este libro estarán activos por al menos cinco años desde la fecha de publicación.

Las cosechadoras

Contenidos

La cosechadora es una máquina agrícola.

Los agricultores la usan para cosechar sus cultivos.

Algunas cosechadoras sirven para cosechar un tipo de cultivo.

La cosechadora de caña de azúcar solo cosecha caña de azúcar.

La cosechadora de algodón solo cosecha algodón.

Muchos agricultores usan cosechadoras combinadas.

Se usan para cosechar granos.

El trigo, la cebada y la avena son todos tipos de granos.

La cosecha tiene varios pasos.

La cosechadora combinada hace todos esos pasos.

La cosechadora combinada tiene un cabezal para cortar la cosecha.

Luego, introduce las plantas en la máquina.

Dentro de la cosechadora combinada, hay una parte llamada cilindro trillador.

El cilindro trillador separa el grano del resto de la planta.

La cosechadora combinada lleva los granos al tanque de almacenamiento.

El resto de la planta se devuelve al campo.

Esto ayuda a mantener el suelo sano.

La cosechadora combinada puede agilizar un trabajo largo.

Algunas cosechadoras combinadas pueden cosechar 30 acres de cultivos en una hora.

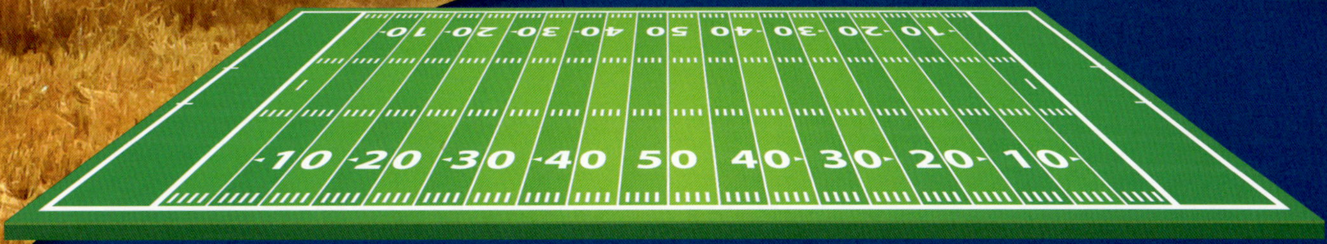

Eso es casi el tamaño de **23** campos de fútbol americano.

Las cosechadoras combinadas son cada vez más grandes.

Y cada vez más potentes.

Hoy, las cosechadoras combinadas pueden tener más fuerza que 50 caballos.

Las cosechadoras son máquinas grandes.

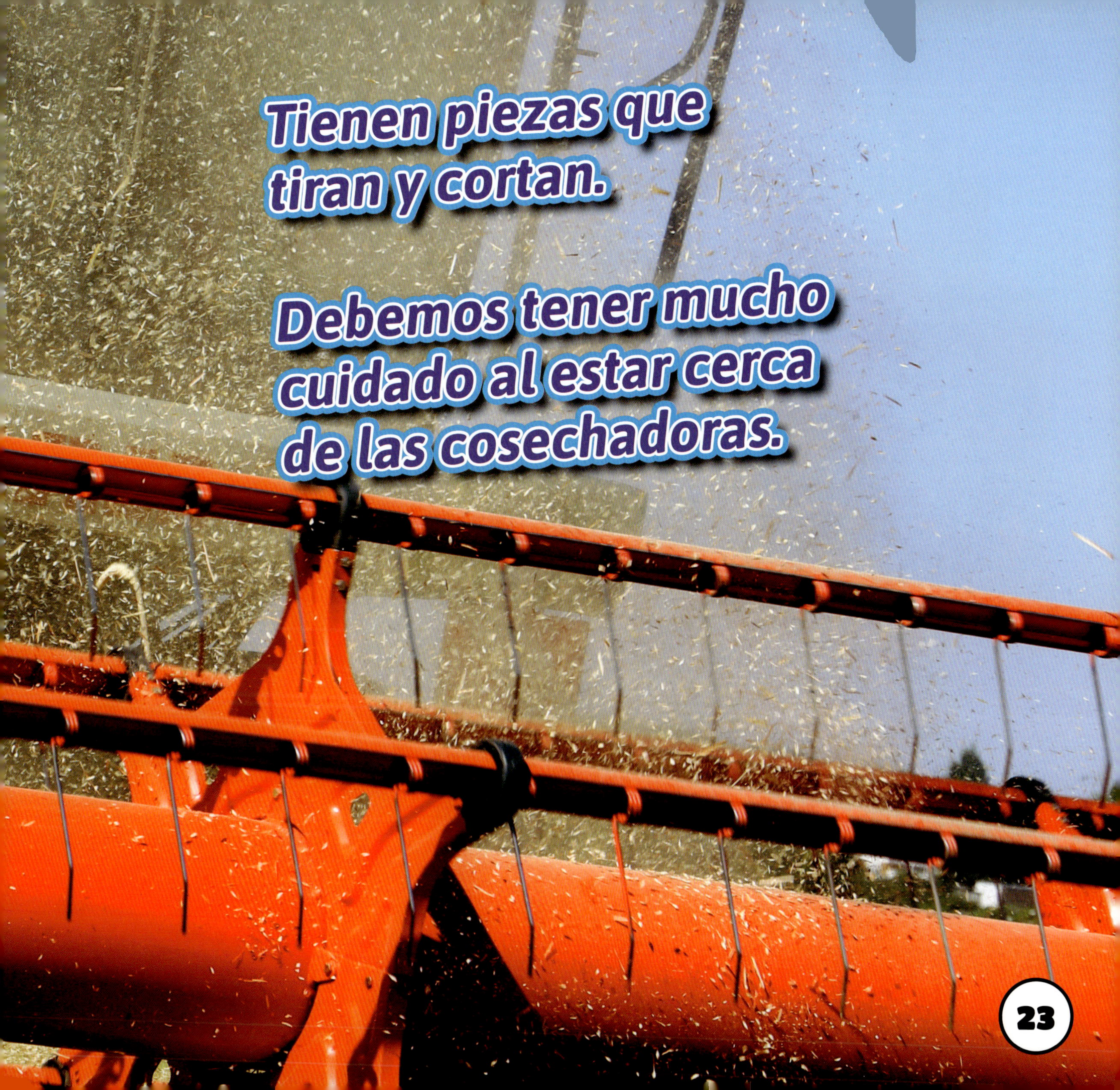

Tienen piezas que tiran y cortan.

Debemos tener mucho cuidado al estar cerca de las cosechadoras.

Published by Lightbox Learning Inc.
276 5th Avenue, Suite 704 #917
New York, NY 10001
Website: www.openlightbox.com

Library of Congress Control Number: 2023930872

ISBN 978-1-7911-5493-6 (hardcover)
ISBN 978-1-7911-5494-3 (multi-user eBook)

Printed in Guangzhou, China
1 2 3 4 5 6 7 8 9 0 27 26 25 24 23

022023
101722

Designer: Ana Maria Vidal
English Project Coordinator: Heather Kissock
Spanish Project Coordinator: Sara Cucini
English/Spanish Translator: Translation Services USA

Every reasonable effort has been made to trace ownership and to obtain permission to reprint copyright material. The publisher would be pleased to have any errors or omissions brought to its attention so that they may be corrected in subsequent printings.

The publisher acknowledges Getty Images, Alamy, Shutterstock, and Dreamstime as the primary image suppliers for this title.